Impressum
Verlag: BABADADA GmbH, Nedderfeld 112 , 22529 Hamburg
Geschäftsführer / Verlagsleitung: Harald Hof
Druck: Books on Demand GmbH, In de Tarpen 42, 22848 Norderstedt

Imprint
Publisher: BABADADA GmbH, Nedderfeld 112 , 22529 Hamburg, Germany
Managing Director / Publishing direction: Harald Hof
Print: Books on Demand GmbH, In de Tarpen 42, 22848 Norderstedt

skola
school

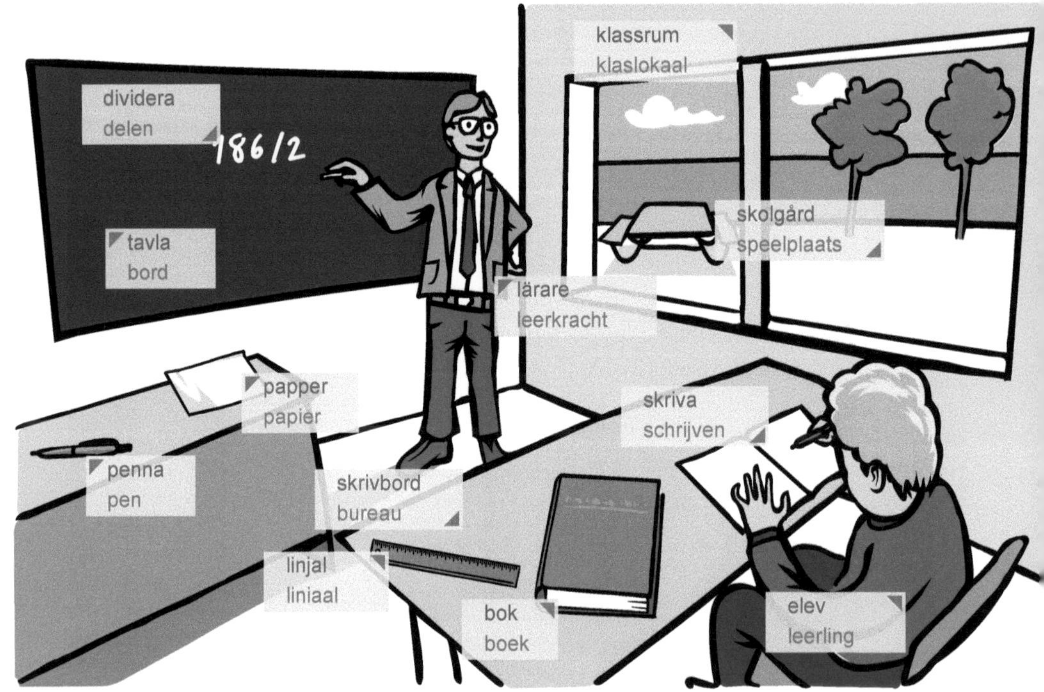

klassrum
klaslokaal
dividera
delen
186/2
tavla
bord
skolgård
speelplaats
lärare
leerkracht
papper
papier
skriva
schrijven
penna
pen
skrivbord
bureau
linjal
liniaal
bok
boek
elev
leerling

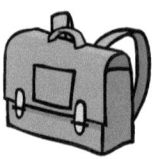

skolväska
schooltas

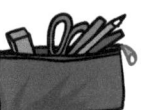

pennfodral
pennenzak

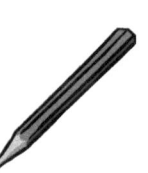

blyertspenna
potlood

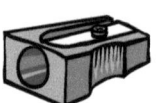

pennvässare
puntenslijper

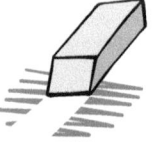

suddgummi
gom

ritblock
tekenblok

teckning
tekening

pensel
verfborstel

målarlåda
verfdoos

sax
schaar

lim
lijm

övningsbok
werkboek

hemläxa
huiswerk

tal
nummer

addera
optellen

subtrahera
aftrekken

multiplicera
vermenigvuldigen

räkna
rekenen

bokstav
letter

alfabet
alfabet

ord
woord

text

tekst

läsa

Lezen

krita

krijt

lektion

les

register

klassenboek

prov

examen

intyg

certificaat

skoluniform

schooluniform

utbildning

onderwijs

uppslagsverk

encyclopedie

universitet

universiteit

mikroskop

microscoop

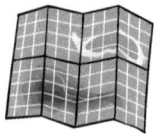

karta

kaart

papperskorg

papiermand

resa
reis

hotell
hotel
vandrarhem
jeugdherberg
ROOMS
EXCHANGE
växelkontor
wisselkantoor
resväska
koffer
bil
auto

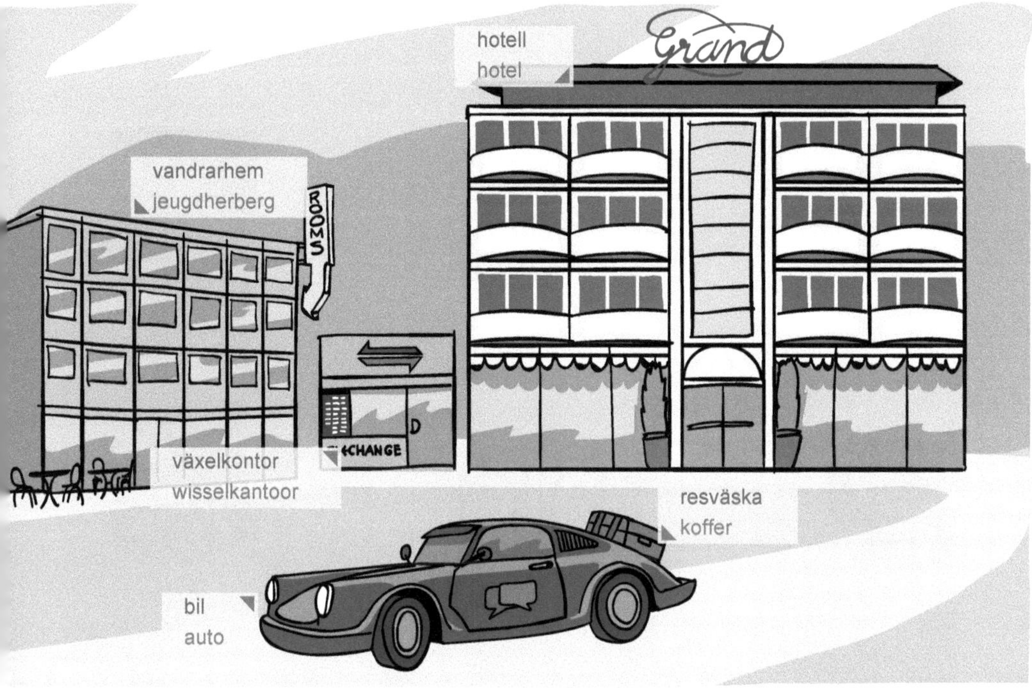

språk

Taal

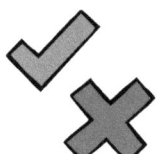

ja / nej

ja / nee

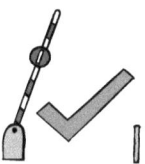

Okay

oké

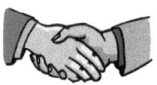

hej

hallo

översättare

vertaler

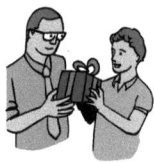

Tack

bedankt

hur mycket kostar...?

Hoeveel kost ...?

jag förstår inte

Ik begrijp het niet

problem

probleem

God kväll!

Goedenavond!

God morgon!

Goedemorgen!

God natt!

Goedenavond!

hejdå

Tot ziens

riktning

richting

bagage

bagage

väska

zak

ryggsäck

rugzak

gäst

gast

rum

kamer

sovsäck

slaapzak

tält

tent

turistinformation

toeristeninformatie

strand

strand

kreditkort

kredietkaart

frukost

ontbijt

lunch

lunch

middag

avondeten

biljett

ticket

hiss

lift

frimärke

postzegel

gräns

grens

tull

douane

ambassad

ambassade

visum

visum

pass

paspoort

transport
transport

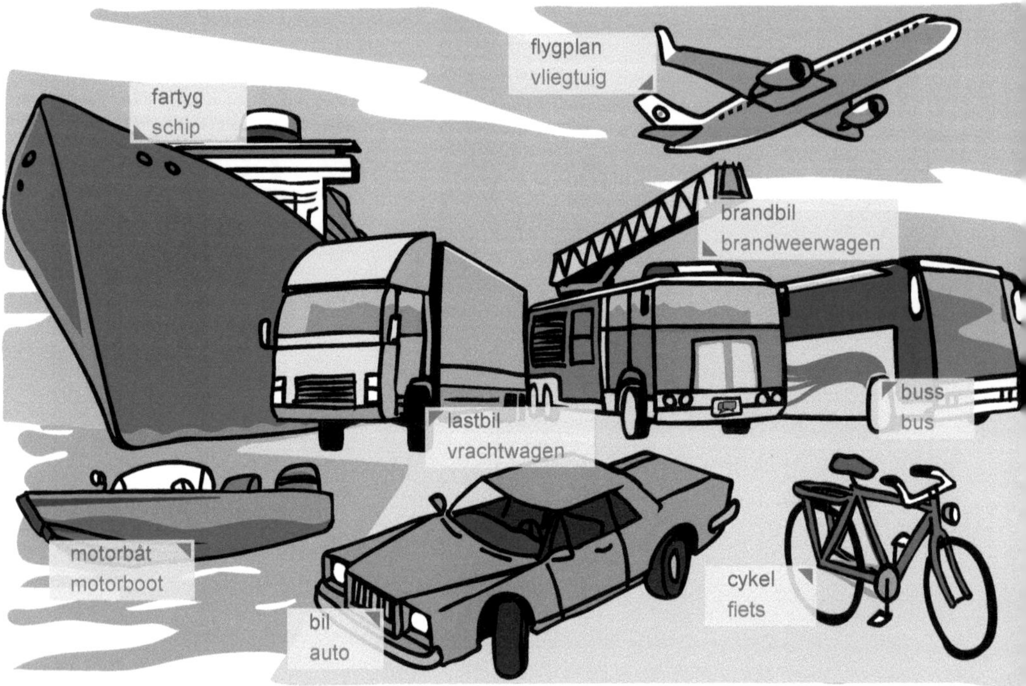
flygplan
vliegtuig
fartyg
schip
brandbil
brandweerwagen
buss
bus
lastbil
vrachtwagen
motorbåt
motorboot
cykel
fiets
bil
auto

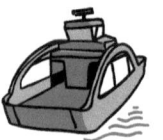

färja
veerboot

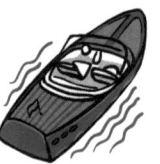

båt
boot

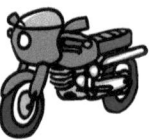

motorcykel
motor

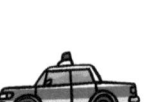

polisbil
politiewagen

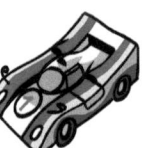

racerbil
racewagen

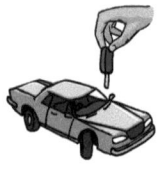

hyrbil
huurauto

bilpool

carpoolen

bärgningsbil

sleepwagen

sopbil

vuilniswagen

motor

motor

bränsle

benzine

bensinstation

benzinestation

vägmärke

verkeersbord

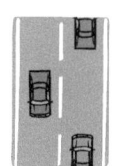

trafik

verkeer

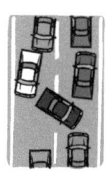

bilkö

file

parkeringsplats

parkeerplaats

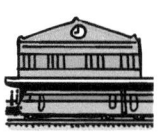

tågstation

station

räls

sporen

tåg

trein

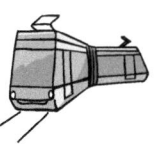

spårvagn

tram

vagn

wagon

helikopter
helikopter

flygplats
luchthaven

torn
toren

passagerare
passagier

container
container

kartong
karton

vagn
kar

korg
mand

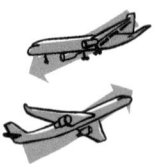

starta / landa
opstijgen / landen

stad

stad

by
dorp

centrum
stadscentrum

hus
huis

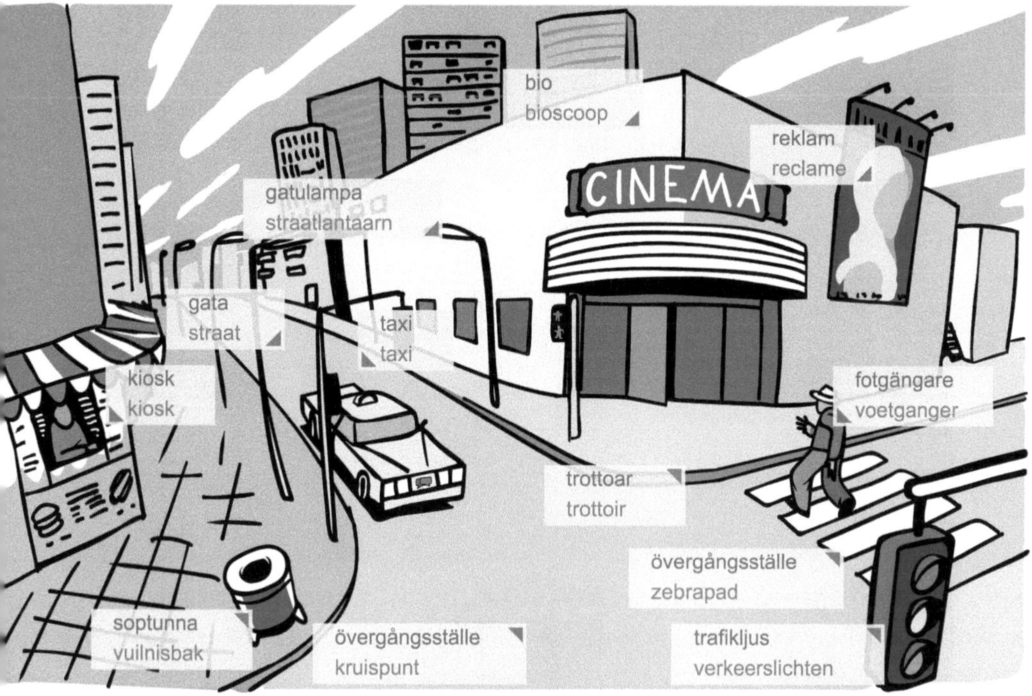

bio
bioscoop

reklam
reclame

gatulampa
straatlantaarn

CINEMA

gata
straat

taxi
taxi

kiosk
kiosk

fotgängare
voetganger

trottoar
trottoir

övergångsställe
zebrapad

soptunna
vuilnisbak

övergångsställe
kruispunt

trafikljus
verkeerslichten

stuga
hut

lägenhet
woning

tågstation
station

stadshus
stadshuis

museum
museum

skola
school

universitet

universiteit

bank

bank

sjukhus

ziekenhuis

hotell

hotel

apotek

apotheek

kontor

kantoor

bokhandel

boekwinkel

affär

winkel

blomsterbutik

bloemenwinkel

stormarknad

supermarkt

marknad

markt

varuhus

warenhuis

fiskhandlare

vishandelaar

köpcentrum

winkelcentrum

hamn

haven

park

park

bänk

bank

brygga

brug

trappa

trap

tunnelbana

metro

tunnel

tunnel

busshållplats

bushalte

bar

bar

restaurang

restaurant

brevlåda

brievenbus

gatuskylt

straatnaambord

parkeringsautomat

parkeermeter

zoo

zoo

simbassäng

zwembad

moské

moskee

bondgård
boerderij

förorening
milieuverontreiniging

kyrkogård
kerkhof

kyrka
kerk

lekplats
speelplaats

tempel
tempel

landskap
landschap

löv
blad

vägskylt
wegwijzer

väg
weg

äng
weide

sten
steen

träd
boom

liftare
wandelaar

flod
rivier

gräs
gras

blomma
bloem

dal
vallei

kulle
heuvel

sjö
meer

skog
bos

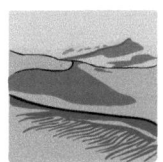

öken
woestijn

vulkan
vulkaan

slott
kasteel

regnbåge
regenboog

svamp
paddenstoel

palm
palmboom

mygga
mug

fluga
vlieg

myra
mier

bi
bijl

spindel
spin

skalbagge

kever

groda

kikker

ekorre

eekhoorn

igelkott

egel

hare

haas

uggla

uil

fågel

vogel

svan

zwaan

vildsvin

wild zwijn

rådjur

hert

älg

eland

damm

dam

vindkraftverk

windturbine

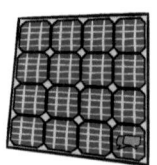

solcellspanel

zonnepaneel

klimat

klimaat

restaurang
restaurant

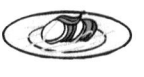

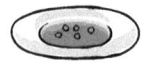

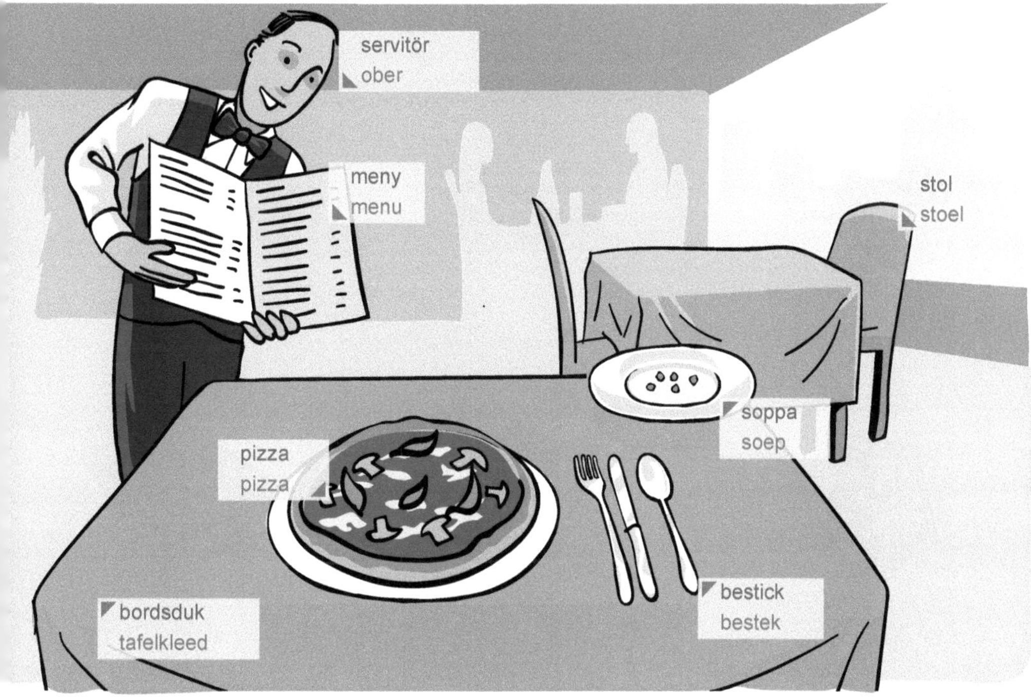
servitör
ober
meny
menu
stol
stoel
soppa
soep
pizza
pizza
bestick
bestek
bordsduk
tafelkleed

förrätt

voorgerecht

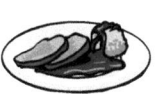

huvudrätt

hoofdgerecht

dessert

nagerecht

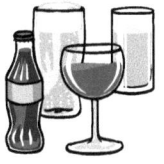

drycker

drankjes

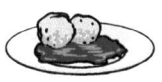

mat

eten

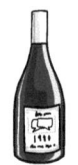

flaska

fles

snabbmat

fastfood

street food

street food

tekanna

theepot

sockerskål

suikerpot

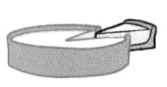

portion

portie

espressomaskin

espressomachine

barnstol

kinderstoel

räkning

rekening

bricka

dienblad

kniv

mes

gaffel

vork

sked

lepel

tesked

theelepel

servett

serviette

glas

glas

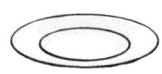

tallrik

bord

sopptallrik

soepbord

tefat

schoteltje

sås

saus

saltkar

zoutvatje

pepparkvarn

pepermolen

vinäger

azijn

olja

olie

kryddor

kruiden

ketchup

ketchup

senap

mosterd

majonnäs

mayonaise

stormarknad

supermarkt

specialerbjudande
aanbieding
FOR
kund
klant
mejeriprodukter
zuivelproducten
frukt
fruit
varukorg
winkelwagen

BUTCHERS

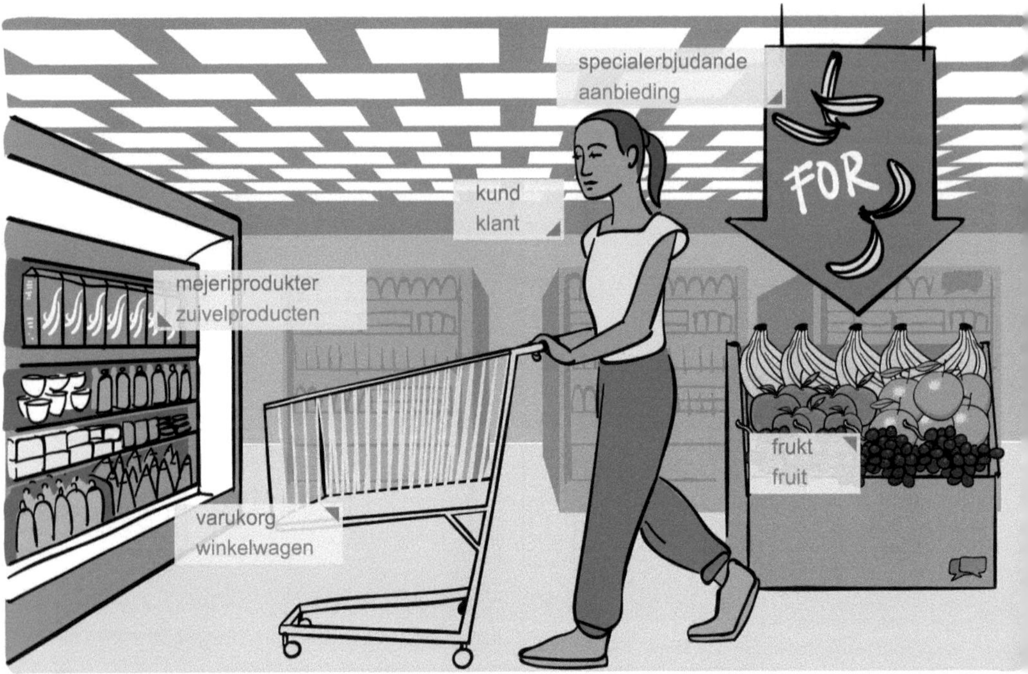

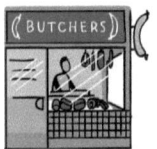

charkuteri

slagerij

BAKERY

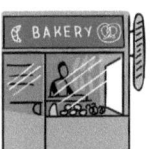

bageri

bakkerij

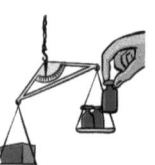

väga

wegen

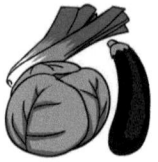

grönsaker

groenten

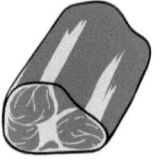

kött

vlees

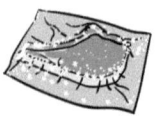

frysta livsmedel

diepvriesvoedsel

pålägg

charcuterie

konserver

conserven

tvättmedel

waspoeder

godis

snoep

hushållsprodukter

huishoudproducten

rengöringsmedel

schoonmaakproducten

försäljare

verkoopster

kassa

kassa

kassör

kassier

inköpslista

boodschappenlijstje

öppettider

openingstijden

plånbok

portefeuille

kreditkort

kredietkaart

väska

tas

plastpåse

plastieken zakje

vatten

water

juice

sap

mjölk

melk

cola

cola

vin

wijn

öl

bier

alkohol

alcohol

kakao

cacao

te

thee

kaffe

koffie

espresso

espresso

cappuccino

cappuccino

banan

banaan

äpple

appel

apelsin

sinaasappel

melon

meloen

citron

citroen

morot

wortel

vitlök

knoflook

bambu

bamboe

lök

ajuin

svamp

champignon

nötter

noten

nudlar

noodles

spaghetti

spaghetti

ris

rijst

sallad

salade

pommes frites

frieten

stekt potatis

gebakken aardappelen

pizza

pizza

hamburgare

hamburger

smörgås

sandwich

schnitzel

kalfslapje

skinka

ham

salami

salami

korv

worst

kyckling

kip

stek

braden

fisk

vis

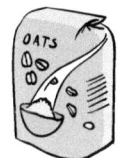

havregryn

havervlokken

müsli

muesli

cornflakes

cornflakes

mjöl

bloem

croissant

croissant

fralla

pistolet

bröd

brood

rostat bröd

toast

kex

koekjes

smör

boter

kvarg

kwark

kaka

taart

ägg

ei

stekt ägg

spiegelei

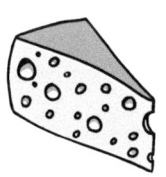

ost

kaas

glass

ijs

socker

suiker

honung

honing

sylt

confituur

nougatkräm

choco

curry

curry

bondgård
boerderij

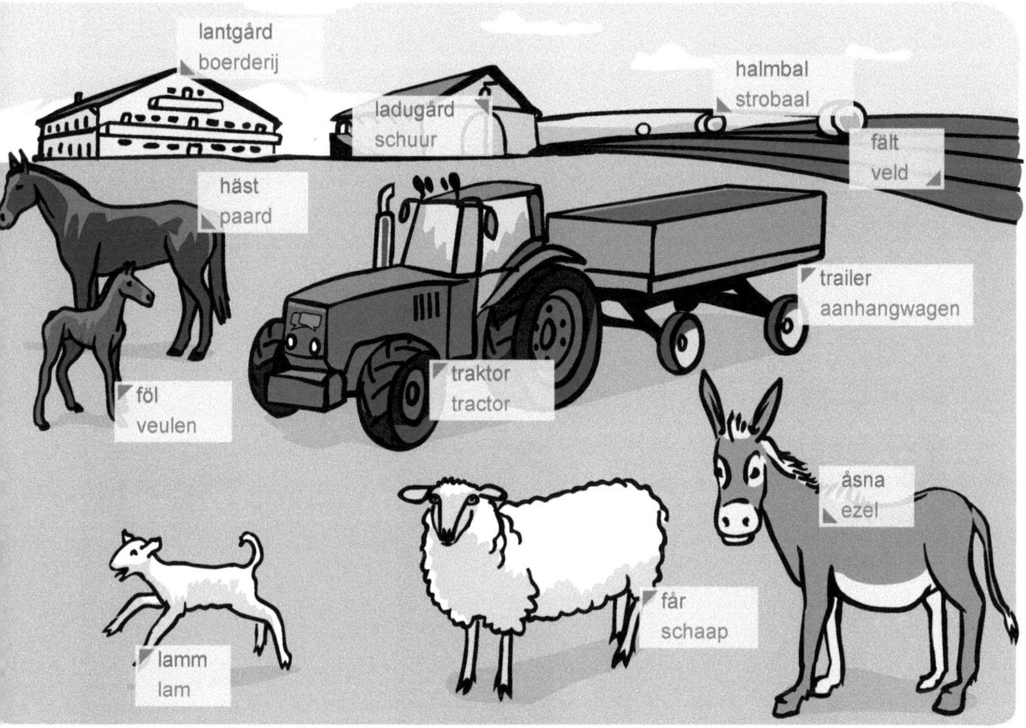
lantgård
boerderij
ladugård
schuur
halmbal
strobaal
fält
veld
häst
paard
trailer
aanhangwagen
traktor
tractor
föl
veulen
åsna
ezel
får
schaap
lamm
lam

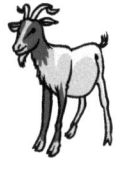

get
geit

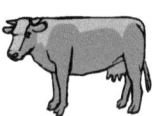

ko
koe

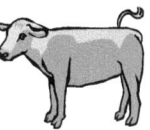

kalv
kalf

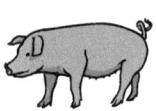

gris
varken

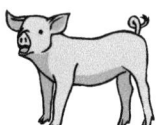

griskulting
biggetje

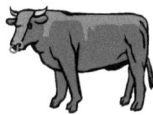

tjur
stier

gås

gans

anka

eend

kyckling

kuiken

höna

kip

tupp

haan

råtta

rat

katt

kat

mus

muis

oxe

os

hund

hond

hundkoja

hondenhok

trädgårdsslang

tuinslang

vattenkanna

gieter

lie

zeis

plog

ploeg

bondgård - boerderij

skära

sikkel

hacka

schoffel

högaffel

hooivork

yxa

bijl

skottkärra

kruiwagen

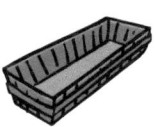

tråg

trog

mjölkflaska

melkkan

säck

zak

staket

hek

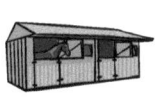

stall

stal

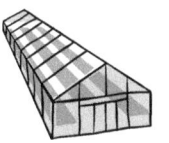

växthus

broeikas

jord

bodem

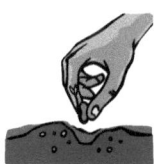

säd

zaad

gödsel

mest

skördetröska

maaidorser

skörda

oogsten

skörd

oogst

jams

yam

vete

tarwe

soja

soja

potatis

aardappel

majs

maïs

raps

koolzaad

fruktträd

fruitboom

maniok

maniok

spannmål

graan

hus
huis

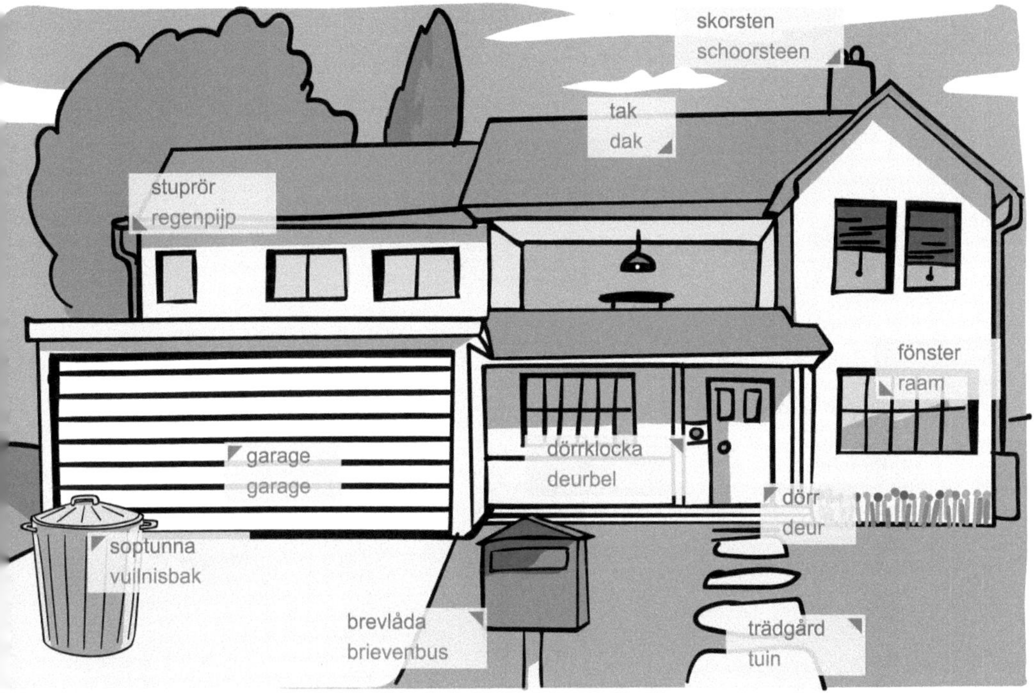

skorsten
schoorsteen
tak
dak
stuprör
regenpijp
fönster
raam
garage
garage
dörrklocka
deurbel
dörr
deur
soptunna
vuilnisbak
brevlåda
brievenbus
trädgård
tuin

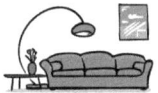

vardagsrum

woonkamer

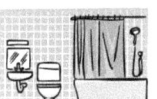

badrum

badkamer

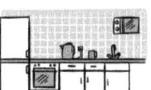

kök

keuken

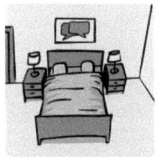

sovrum

slaapkamer

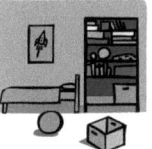

barnrum

kinderkamer

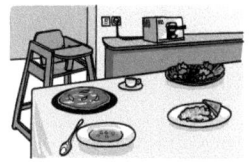

matsal

eetkamer

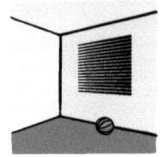

golv

vloer

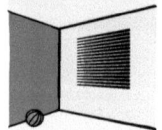

vägg

muur

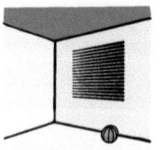

tak

plafond

källare

kelder

bastu

sauna

balkong

balkon

terrass

terras

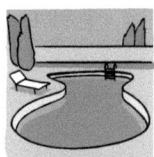

bassäng

zwembad

gräsklippare

grasmaaier

lakan

dekbedovertrek

överkast

dekbed

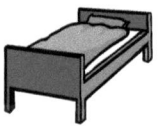

säng

bed

kvast

bezem

hink

emmer

strömbrytare

schakelaar

vardagsrum
woonkamer

tapet
behangpapier
bild
foto
lampa
lamp
hylla
schap
skåp
kast
TV
televisie
eldstad
open haard
blomma
bloem
kudde
kussen
soffa
sofa
vas
vaas
fjärrkontroll
afstandsbediening

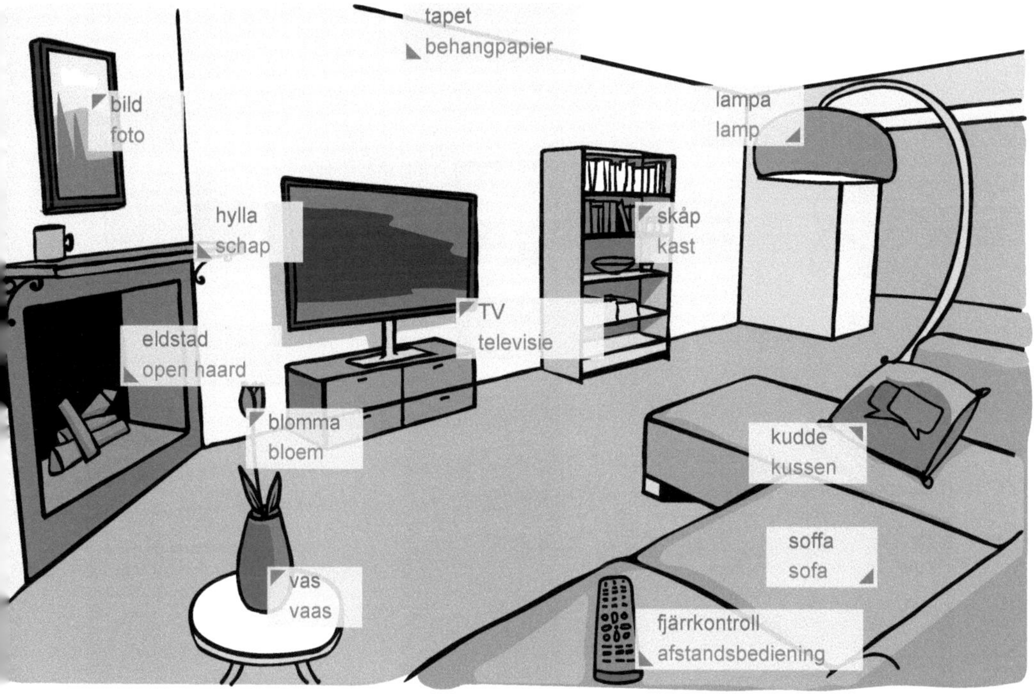

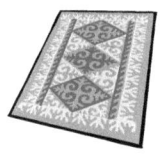

matta
mat

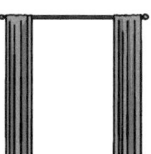

gardin
gordijn

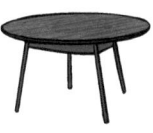

bord
tafel

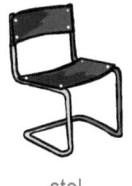

stol
stoel

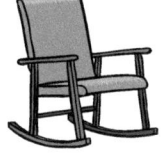

gungstol
schommelstoel

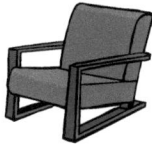

fåtölj
fauteuil

bok

boek

filt

deken

dekoration

decoratie

vedträ

brandhout

film

film

stereoanläggning

stereo-installatie

nyckel

sleutel

dagstidning

krant

målning

schilderij

poster

poster

radio

radio

anteckningsbok

notitieboekje

dammsugare

stofzuiger

kaktus

cactus

stearinljus

kaars

kök

keuken

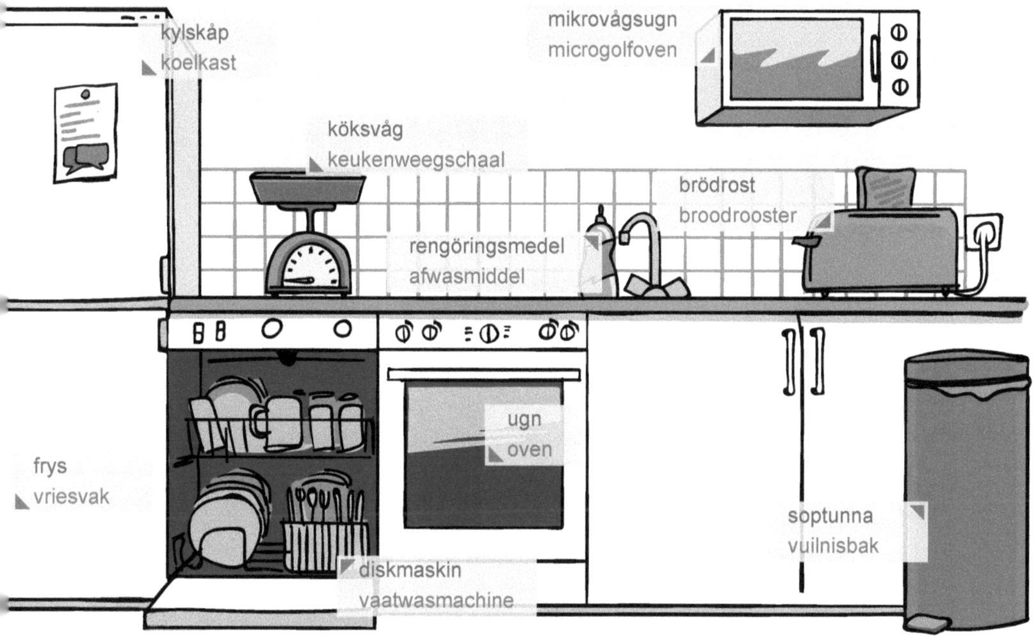

kylskåp
koelkast
mikrovågsugn
microgolfoven
köksvåg
keukenweegschaal
brödrost
broodrooster
rengöringsmedel
afwasmiddel
ugn
oven
frys
vriesvak
soptunna
vuilnisbak
diskmaskin
vaatwasmachine

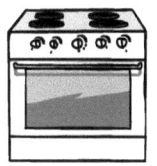

spis

fornuis

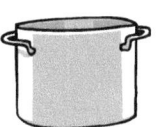

kastrull

pot

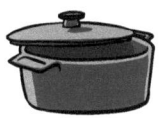

järngryta

gietijzeren pot

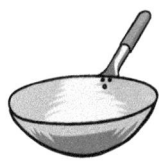

wok / kadai

wok / kadai

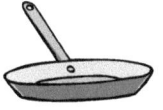

stekpanna

pan

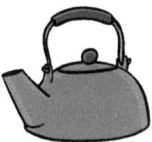

vattenkokare

waterkoker

ångkokare

stoomkoker

bakplåt

bakplaat

porslin

servies

mugg

mok

skål

kom

ätpinnar

eetstokjes

soppslev

pollepel

stekspade

spatel

visp

garde

durkslag

vergiet

sil

zeef

rivjärn

rasp

mortel

mortier

grill

barbecue

brasa

haardvuur

skärbräda

snijplank

kavel

deegrol

korkskruv

kurkentrekker

burk

blik

burköppnare

blikopener

grytlapp

pannenlap

vask

gootsteen

borste

borstel

svamp

spons

mixer

blender

frys

vriezer

nappflaska

papfles

kran

kraan

badrum
badkamer

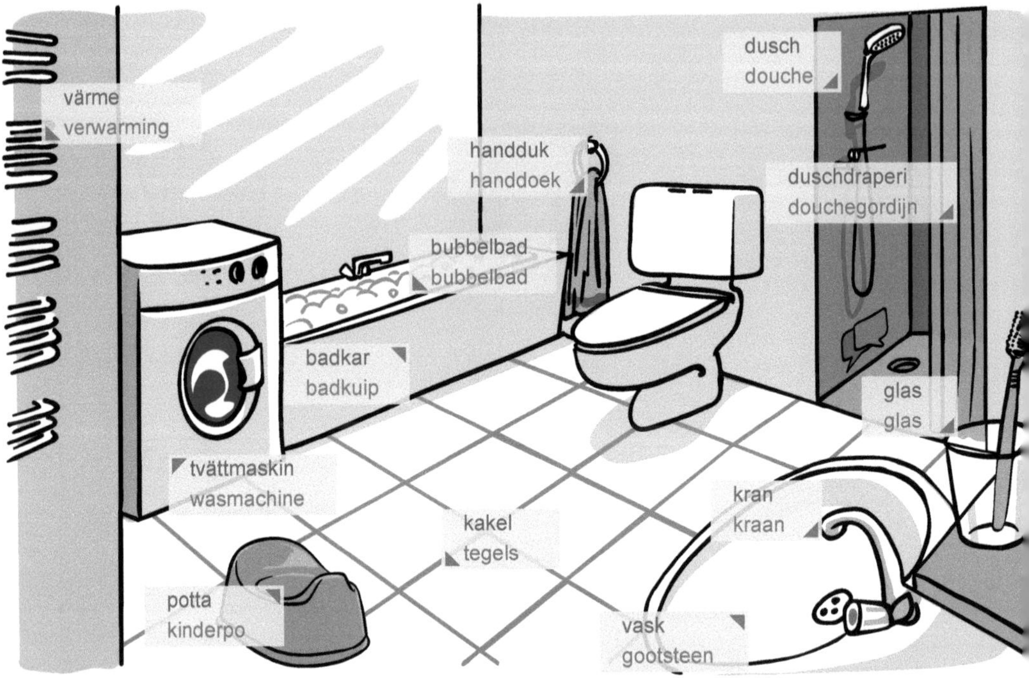
dusch
douche
värme
verwarming
handduk
handdoek
duschdraperi
douchegordijn
bubbelbad
bubbelbad
badkar
badkuip
glas
glas
tvättmaskin
wasmachine
kran
kraan
kakel
tegels
potta
kinderpo
vask
gootsteen

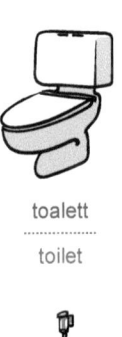

toalett

toilet

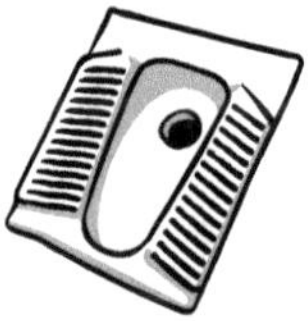

låg toalett

hurktoilet

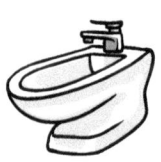

bidet

bidet

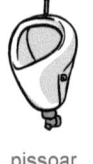

pissoar

urinoir

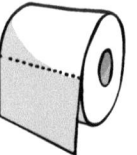

toalettpapper

toiletpapier

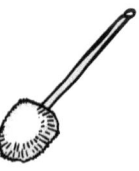

toalettborste

toiletborstel

tandborste

tandenborstel

tandkräm

tandpasta

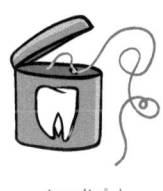

tandtråd

flosdraad

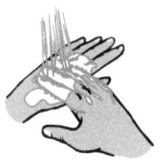

tvätta

wassen

handdusch

handdouche

intimdusch

bidethanddouche

handfat

waskom

ryggborste

rugborstel

tvål

zeep

duschgel

douchegel

schampo

shampoo

trasa

washandje

avlopp

afvoer

crème

crème

deodorant

deodorant

spegel

spiegel

handspegel

handspiegel

rakhyvel

scheermes

raklödder

scheerschuim

rakvatten

aftershave

kam

kam

borste

borstel

hårtork

haardroger

hårspray

haarlak

smink

make-up

läppstift

lippenstift

nagellack

nagellak

bomullsvadd

watten

nagelsax

nagelknipper

parfym

parfum

badrum - badkamer

necessär

toilettas

pall

kruk

våg

weegschaal

badrock

badjas

gummihandskar

latex handschoenen

tampong

tampon

binda

maandverband

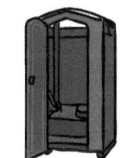

kemisk toalett

chemisch toilet

barnrum
kinderkamer

väckarklocka
wekker
gosedjur
knuffel
leksaksbil
speelgoedauto
skallra
rammelaar
dockhus
poppenhuis
present
geschenk

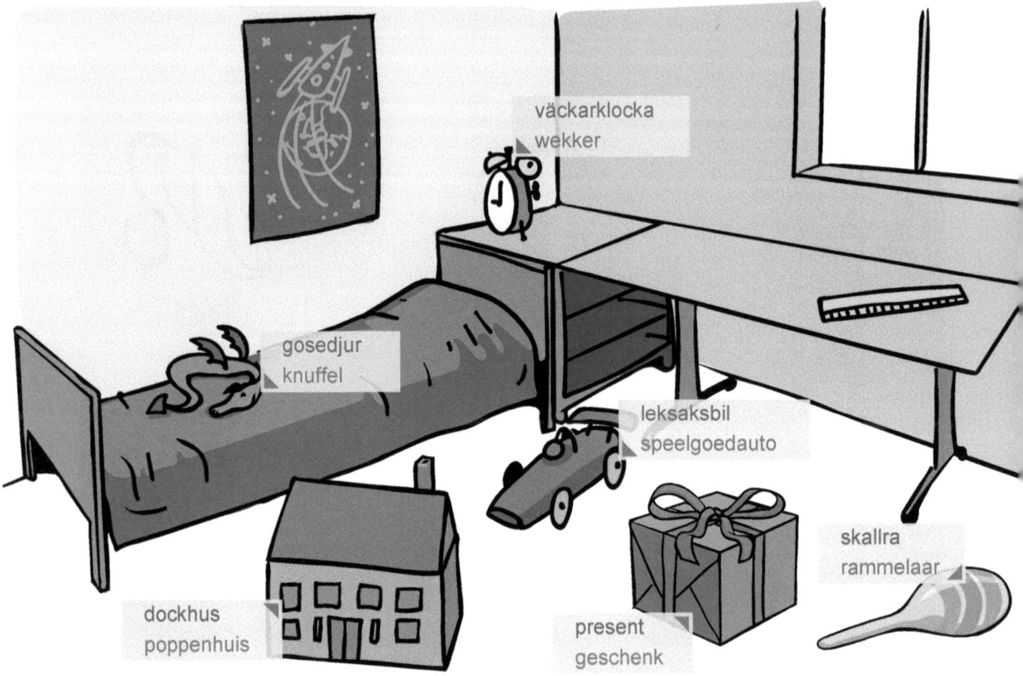

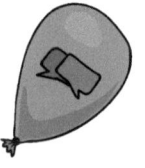

ballong

ballon

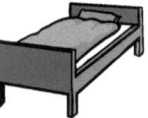

säng

bed

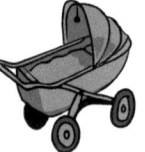

barnvagn

kinderwagen

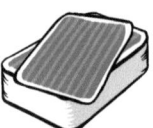

kortlek

spel kaarten

pussel

puzzel

SUPER
MEGA

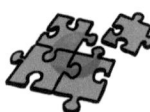

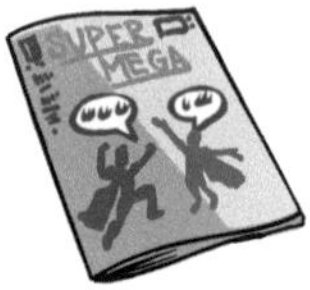

serietidning

stripboek

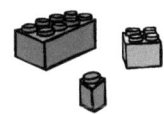

legobitar

legoblokjes

klossar

blokken

actionfigur

actiefiguur

sparkdräkt

kruippakje

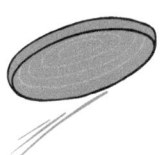

frisbee

frisbee

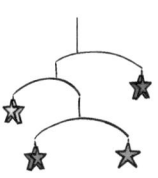

mobil

mobiel

brädspel

bordspel

tärning

dobbelsteen

modelljärnväg

modelspoorweg

napp

fopspeen

party

feest

bilderbok

prentenboek

boll

bal

docka

pop

spela

spelen

sandlåda

zandbak

gunga

schommel

leksaker

speelgoed

spelkonsol

spelconsole

trehjuling

driewieler

nalle

knuffelbeer

garderob

kleerkast

kläder
kleding

sockar

sokken

strumpor

kousen

tights

maillot

halsduk
sjaal

bälte
riem

paraply
paraplu

t-shirt
T-shirt

sneakers
sneakers

stövlar
laarzen

tofflor
slippers

sandaler
....
sandalen

skor
....
schoenen

gummistövlar
....
rubberlaarzen

underbyxor
....
onderbroek

BH
....
beha

linne
....
onderhemd

body

lichaam

byxor

broek

jeans

jeans

kjol

rok

blus

blouse

skjorta

hemd

pullover

trui

sweater

capuchontrui

blazer

blazer

jacka

jas

kappa

jas

regnjacka

regenjas

dräkt

kostuum

klänning

jurk

bröllopsklänning

trouwjurk

kostym

pak

nattlinne

nachthemd

pyjamas

pyjama

sari

sari

slöja

hoofddoek

turban

tulband

burka

boerka

kaftan

kaftan

abaya

abaya

baddräkt

badpak

badbyxor

zwembroek

shorts

short

träningsoverall

trainingspak

förkläde

schort

handskar

handschoenen

knapp

knoop

glasögon

bril

armband

armband

halsband

ketting

ring

ring

örhänge

oorbel

mössa

pet

galge

kapstok

hatt

hoed

slips

das

dragkedja

rits

hjälm

helm

hängslen

bretellen

skoluniform

schooluniform

uniform

uniform

haklapp
slabbetje

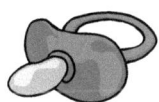

napp
fopspeen

blöja
luier

kontor
kantoor

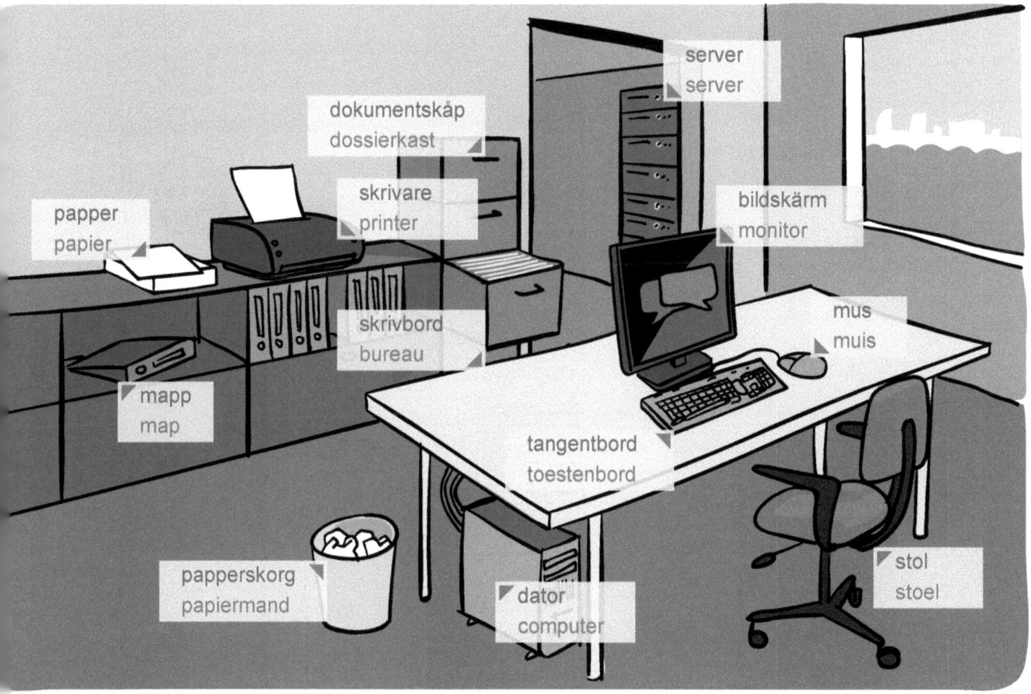

server
server

dokumentskåp
dossierkast

skrivare
printer

bildskärm
monitor

papper
papier

skrivbord
bureau

mus
muis

mapp
map

tangentbord
toestenbord

papperskorg
papiermand

stol
stoel

dator
computer

kaffemugg
koffiemok

miniräknare
rekenmachine

internet
internet

bärbar dator

laptop

brev

brief

meddelande

bericht

mobiltelefon

gsm

nätverk

netwerk

kopieringsapparat

kopieerapparaat

programvara

software

telefon

telefoon

vägguttag

stopcontact

fax

fax

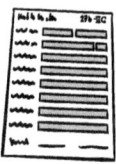

blankett

formulier

dokument

document

köpa
kopen

betala
betalen

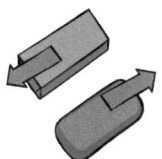

handla
handelen

pengar
geld

 **USD**

dollar
dollar

 **EUR**

euro
euro

 **JPY**

yen
yen

 **RUB**

rubel
roebel

 **CHF**

schweizisk franc
Zwitserse frank

 **CNY**

renminbi yan
Chinese renminbi

 **INR**

rupie
roepie

bankomat
geldautomaat

växelkontor

wisselkantoor

guld

goud

silver

zilver

olja

olie

energi

energie

pris

prijs

kontrakt

contract

skatt

belasting

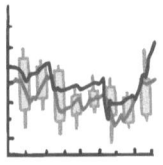

aktie

aandeel

arbeta

werken

anställd

werknemer

arbetsgivare

werkgever

fabrik

fabriek

affär

winkel

yrken
beroepen

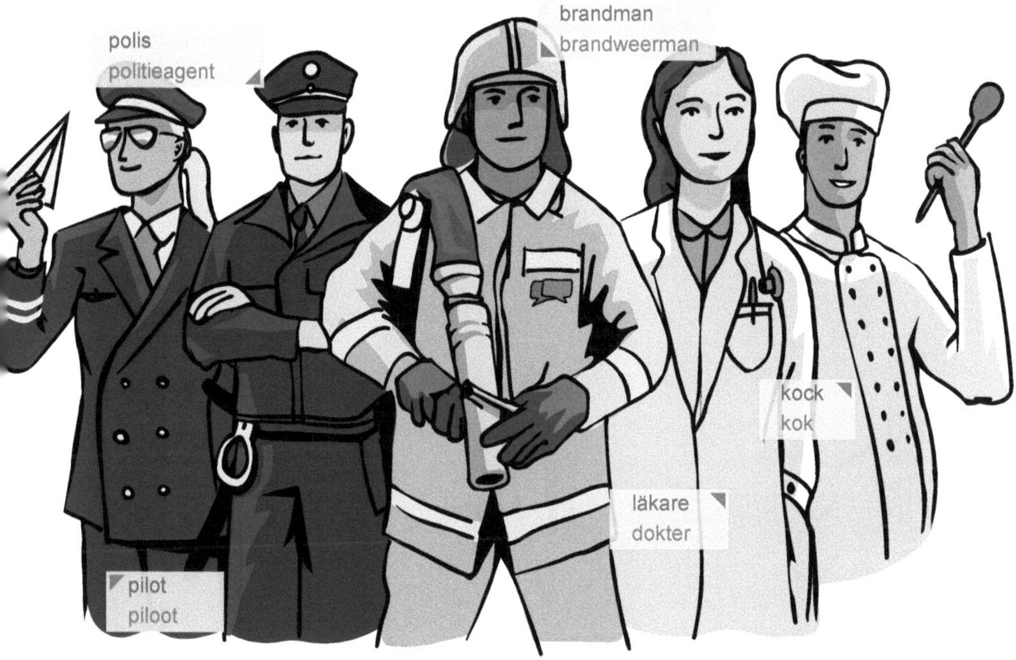
polis
politieagent
brandman
brandweerman
kock
kok
läkare
dokter
pilot
piloot

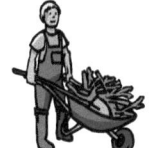

trädgårdsmästare

tuinman

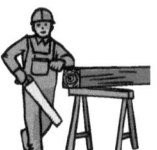

snickare

timmerman

sömmerska

naaister

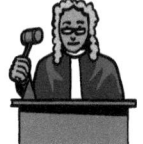

domare

rechter

kemist

chemicus

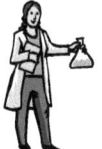

skådespelare

acteur

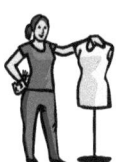

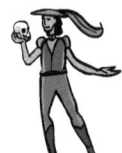

busschaufför

buschauffeur

taxichaufför

taxichauffeur

fiskare

visser

städerska

schoonmaakster

takläggare

dakdekker

servitör

ober

jägare

jager

målare

schilder

bagare

bakker

elektriker

elektricien

byggarbetare

bouwvakker

ingenjör

ingenieur

slaktare

slager

rörmokare

loodgieter

brevbärare

postbode

soldat

soldaat

arkitekt

architect

kassör

kassier

florist

bloemist

frisör

kapper

konduktör

conducteur

mekaniker

mecanicien

kapten

kapitein

tandläkare

tandarts

vetenskapsman

wetenschapper

rabbin

rabbijn

imam

imam

munk

monnik

präst

geestelijke

verktyg
werktuigen

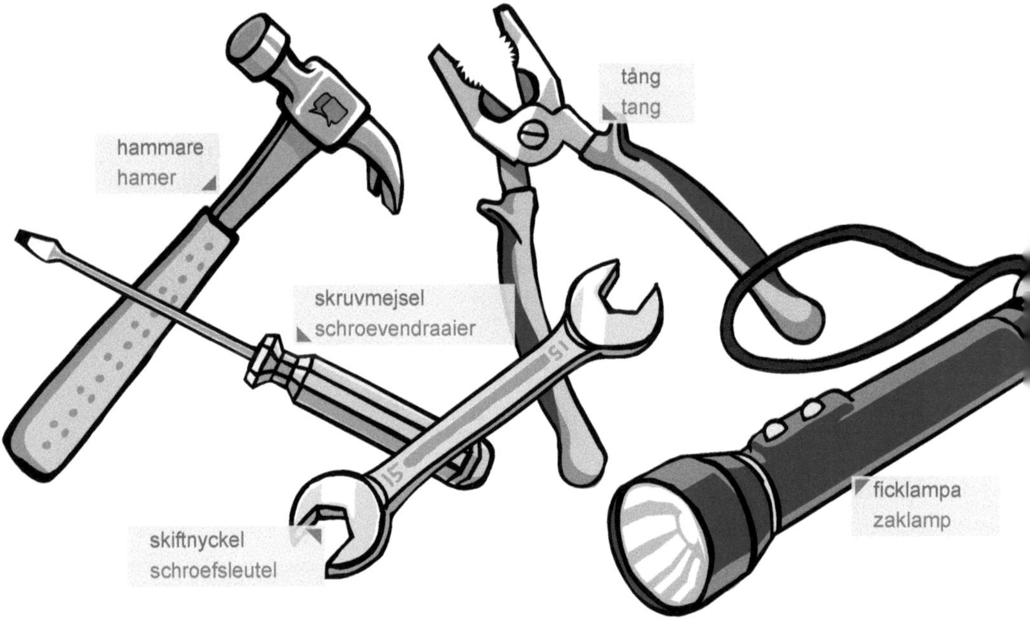
tång
tang
hammare
hamer
skruvmejsel
schroevendraaier
ficklampa
zaklamp
skiftnyckel
schroefsleutel

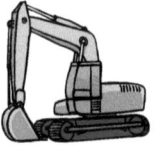

grävmaskin

graafmachine

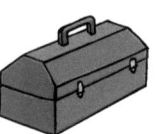

verktygslåda

gereedschapskoffer

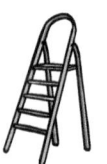

stege

ladder

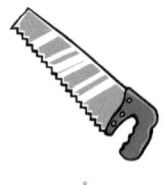

såg

zaag

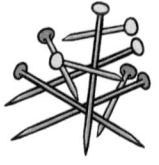

spik

spijkers

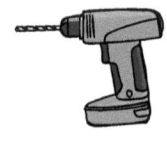

borr

boormachine

reparera

repareren

spade

schop

Helvete!

Verdomme!

sopskyffel

blik

färgburk

verfpot

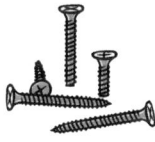

skruvar

schroeven

musikinstrument
muziekinstrumenten

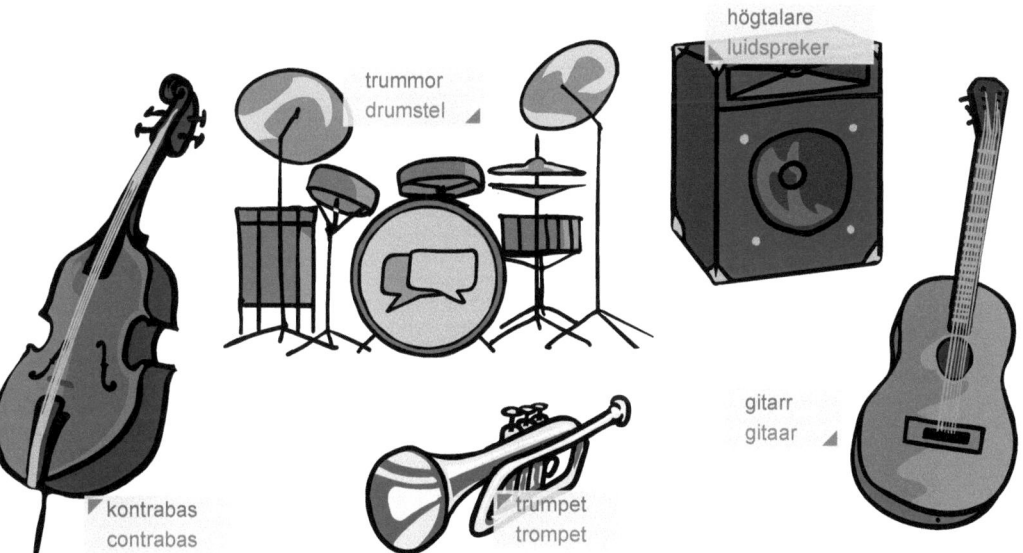

högtalare
luidspreker

trummor
drumstel

gitarr
gitaar

kontrabas
contrabas

trumpet
trompet

piano
piano

violin
viool

bas
basgitaar

timpani
pauk

trumma
trommels

keyboard
keyboard

saxofon
saxofoon

flöjt
fluit

mikrofon
microfoon

musikinstrument - muziekinstrumenten

ZOO

ZOO

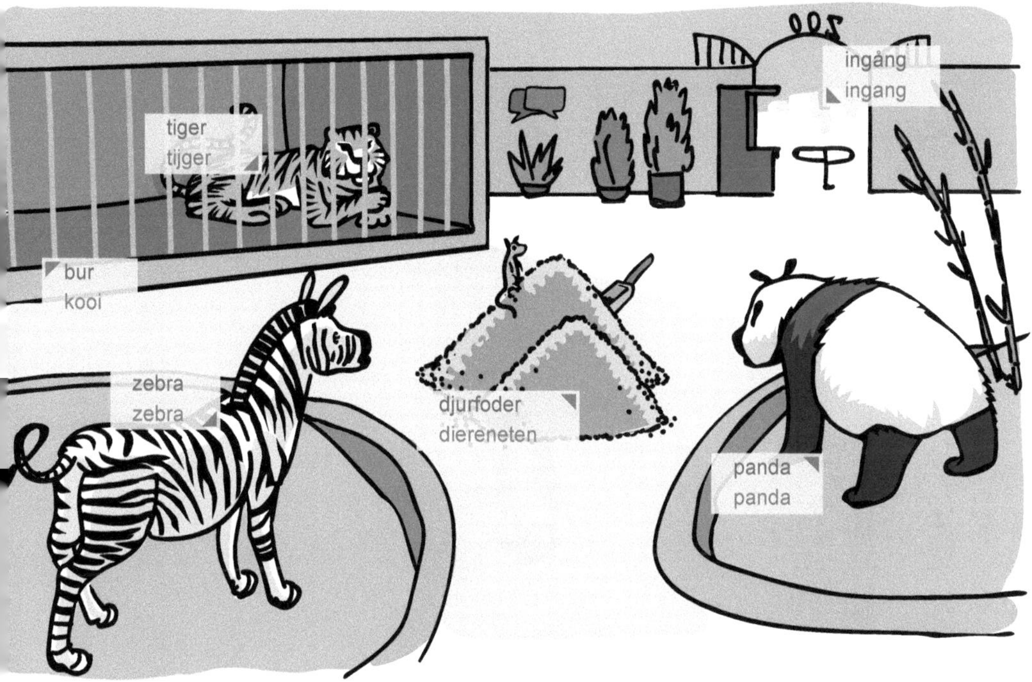
tiger
tijger
ingång
ingang
bur
kooi
zebra
zebra
djurfoder
diereneten
panda
panda

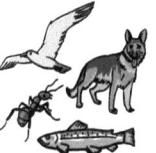

djur

dieren

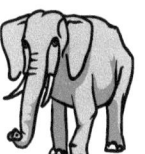

elefant

olifant

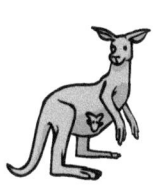

känguru

kangoeroe

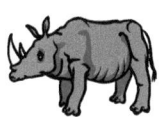

noshörning

neushoorn

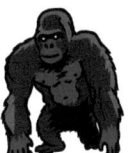

gorilla

gorilla

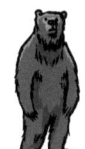

björn

beer

kamel

kameel

struts

struisvogel

lejon

leeuw

apa

aap

flamingo

flamingo

papegoja

papegaai

isbjörn

ijsbeer

pingvin

pinguïn

haj

haai

påfågel

pauw

orm

slang

krokodil

krokodil

djurskötare

dierenverzorger

säl

zeehond

jaguar

jaguar

zoo - zoo

ponny
pony

leopard
luipaard

flodhäst
nijlpaard

giraff
giraffe

örn
adelaar

vildsvin
wild zwijn

fisk
vis

sköldpadda
zeeschildpad

valross
walrus

räv
vos

gazell
gazelle

amerikansk fotboll
rugby

cykling
wielrennen

tennis
tennis

basket
basketbal

simning
zwemmen

ishockey
ijshockey

boxning
boksen

fotboll
voetbal

badminton
badminton

friidrott
atletiek

handboll
handbal

skidåkning
skiën

polo
polo

skratta
lachen

hoppa
springen

krama
knuffelen

gå
wandelen

sjunga
zingen

drömma
dromen

be
bidden

kyssa
kussen

skriva
schrijven

rita
tekenen

visa
tonen

skjuta
duwen

ge
geven

ta
nemen

hagel

hebben

göra

doen

vara

zijn

stå

staan

springa

lopen

dra

trekken

kasta

gooien

falla

vallen

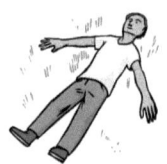

ligga

liggen

vänta

wachten

bära

dragen

sitta

zitten

klä på

aankleden

sova

slapen

vakna

ontwaken

se på	**gråta**	**smeka**
kijken naar	wenen	aaien

kamma	**prata**	**förstå**
kammen	praten	begrijpen

fråga	**höra**	**dricka**
vragen	luisteren	drinken

äta	**städa**	**älska**
eten	opruimen	houden van

laga mat	**köra**	**flyga**
koken	rijden	vliegen

segla
zeilen

räkna
rekenen

läsa
Lezen

lära sig
leren

arbeta
werken

gifta sig
trouwen

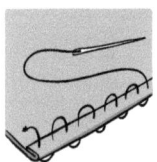

sy
naaien

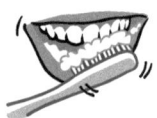

borsta tänderna
tandenpoetsen

döda
doden

röka
roken

skicka
sturen

normor/farmor
grootmoeder

morfar/farfar
grootvader

pappa
vader

mamma
moeder

baby
baby

dotter
dochter

son
zoon

gäst
gast

moster/faster
tante

farbror/morbror
oom

bror
broer

syster
zus

familj - familie

kropp
lichaam

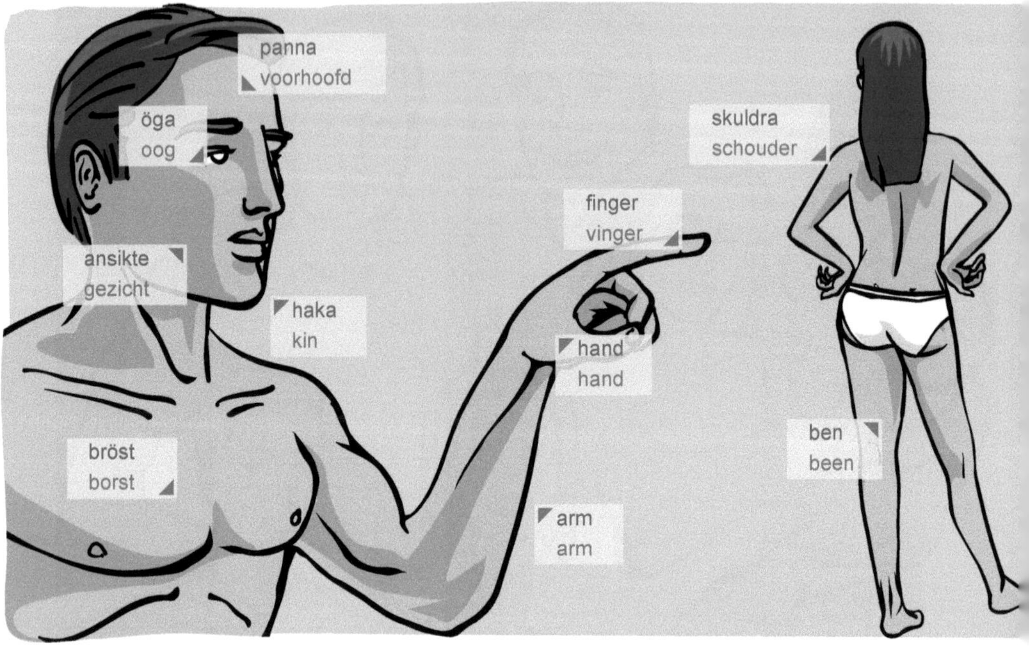
panna
voorhoofd
öga
oog
skuldra
schouder
finger
vinger
ansikte
gezicht
haka
kin
hand
hand
ben
been
bröst
borst
arm
arm

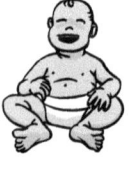

baby
baby

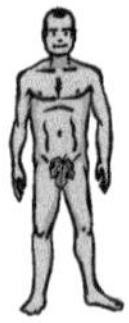

man
man

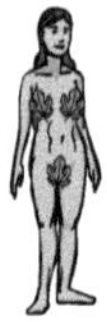

kvinna
vrouw

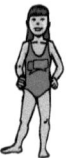

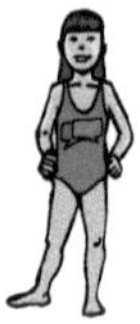

flicka
meisje

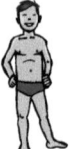

pojke
jongen

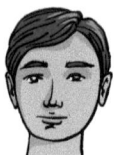

huvud
hoofd

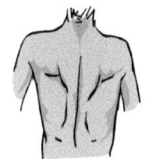	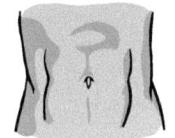	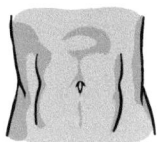
rygg	mage	navel
rug	buik	navel
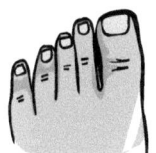	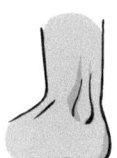	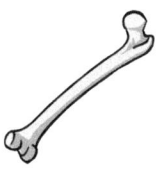
tå	häl	ben
teen	hiel	bot
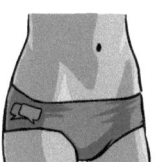	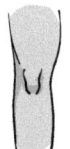	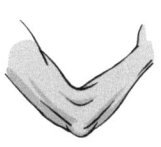
höft	knä	armbåge
heup	knie	elleboog
	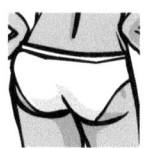	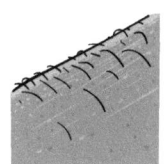
näsa	stjärt	hud
neus	zitvlak	huid
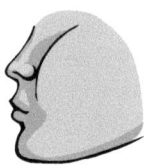	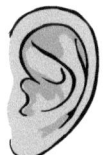	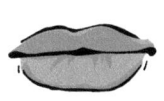
kind	öra	läpp
wang	oor	lip

kropp - lichaam

mun

mond

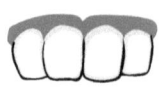

tand

tand

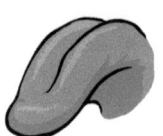

tunga

tong

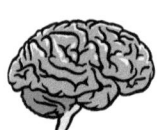

hjärna

hersenen

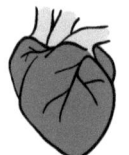

hjärta

hart

muskel

spier

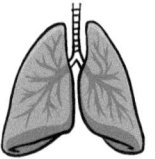

lunga

long

lever

lever

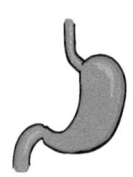

magsäck

maag

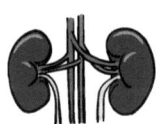

njurar

nieren

sex

seks

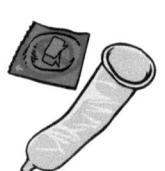

kondom

condoom

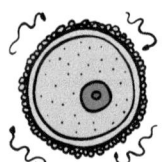

äggcell

eicel

sperma

sperma

graviditet

zwangerschap

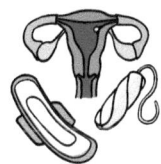

menstruation

menstruatie

vagina

vagina

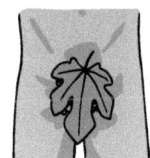

penis

penis

ögonbryn

wenkbrauw

hår

haar

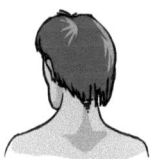

nacke

nek

sjukhus
ziekenhuis

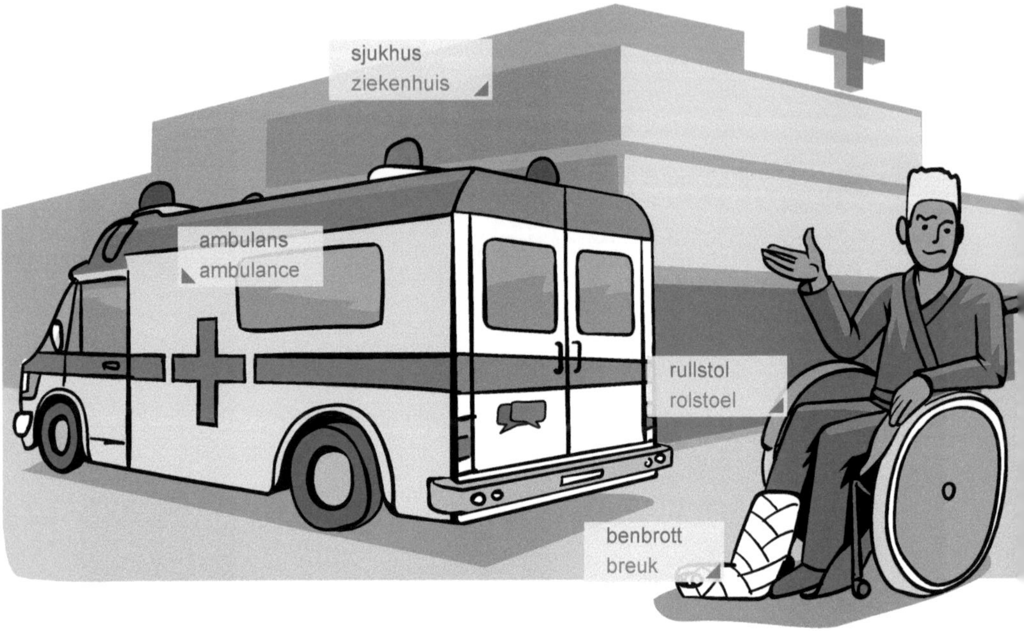

sjukhus
ziekenhuis
ambulans
ambulance
rullstol
rolstoel
benbrott
breuk

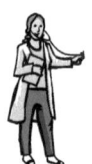

läkare
dokter

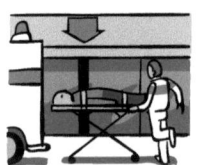

akutmottagning
spoed

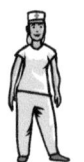

sjuksköterska
verpleegkundige

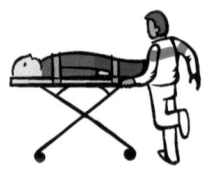

nödsituation
noodgeval

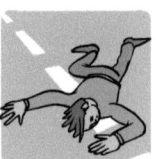

medvetslös
bewusteloos

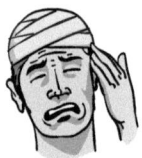

smärta
pijn

skada

verwonding

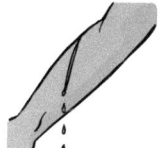

blödning

bloeding

hjärtattack

hartaanval

slaganfall

beroerte

allergi

allergie

hosta

hoest

feber

koorts

influensa

griep

diarré

diarree

huvudvärk

hoofdpijn

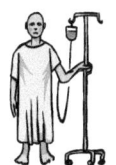

cancer

kanker

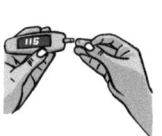

diabetes

diabetes

kirurg

chirurg

skalpell

scalpel

operation

operatie

CT

CT

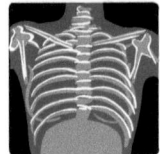

röntgen

röntgenstraal

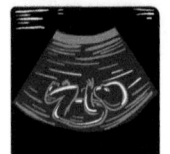

ultraljud

ultrageluid

ansiktsmask

gezichtsmasker

sjukdom

ziekte

väntsal

wachtkamer

krycka

kruk

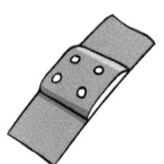

plåster

pleister

bandage

verband

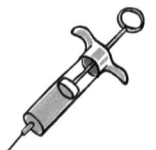

injektion

injectie

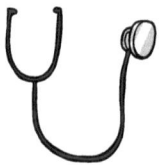

stetoskop

stethoscoop

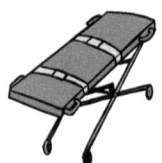

bår

brancard

termometer

thermometer

födsel

geboorte

övervikt

overgewicht

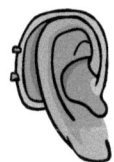

hörapparat

hoorapparaat

desinfektionsmedel

ontsmettingsmiddel

infektion

infectie

virus

virus

HIV / AIDS

HIV / AIDS

medicin

medicijn

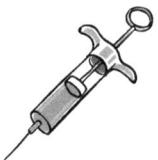

vaccination

vaccinatie

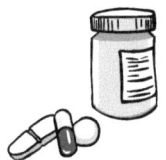

tabletter

tabletten

p-piller

pil

nödsamtal

noodoproep

blodtrycksmätare

bloeddrukmeter

sjuk / frisk

ziek / gezond

Hjälp!

Help!

alarm

alarm

överfall

overval

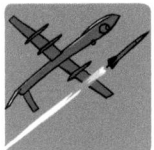

misshandel

aanval

fara

gevaar

nödutgång

nooduitgang

Det brinner!

Brand!

brandsläckare

brandblusser

olycka

ongeval

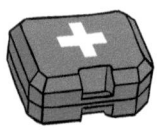

förbandslåda

EHBO-kit

SOS

SOS

polis

politie

Europa

Europa

Nordamerika

Noord-Amerika

Sydamerika

Zuid-Amerika

Afrika

Afrika

Asien

Azië

Australien

Australië

Atlanten

Atlantische Oceaan

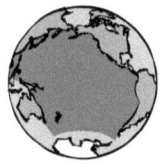

Stilla Havet

Stille Oceaan

Indiska Oceanen

Indische Oceaan

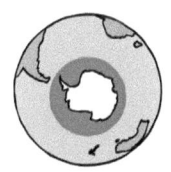

Antarktiska Oceanen

Antarctische Oceaan

Arktiska Oceanen

Arctische Oceaan

Nordpol

Noordpool

Sydpol

Zuidpool

Antarktis

Antarctica

Jorden

aarde

land

land

hav

zee

ö

eiland

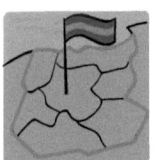

nation

natie

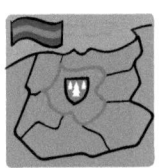

stat

staat

urtavla

wijzerplaat

timvisare

uurwijzer

minutvisare

minuutwijzer

sekundvisare

secondewijzer

Vad är klockan?

Hoe laat is het?

dag

dag

tid

tijd

nu

nu

digital klocka

digitale horloge

minut

minuut

timme

uur

vecka
week

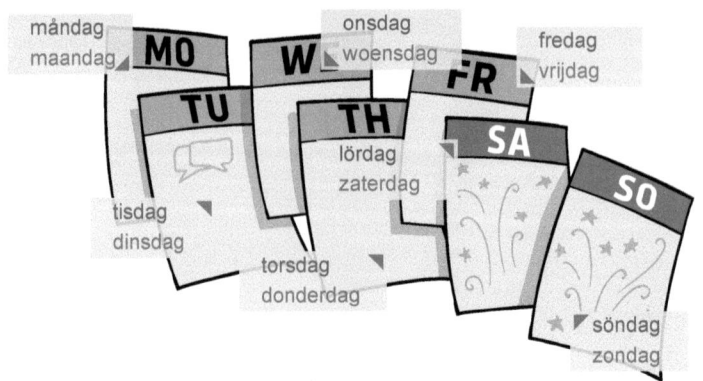

måndag / maandag	onsdag / woensdag	fredag / vrijdag
tisdag / dinsdag	lördag / zaterdag	
	torsdag / donderdag	söndag / zondag

igår

gisteren

idag

vandaag

imorgon

morgen

morgon

ochtend

middag

middag

kväll

avond

MO	TU	WE	TH	FR	SA	SU
1	2	3	4	5	6	7
8	9	10	11	12	13	14
15	16	17	18	19	20	21
22	23	24	25	26	27	28
29	30	31	1	2	3	4

vardagar

werkdagen

MO	TU	WE	TH	FR	SA	SU
1	2	3	4	5	6	7
8	9	10	11	12	13	14
15	16	17	18	19	20	21
22	23	24	25	26	27	28
29	30	31	1	2	3	4

helg

weekend

år

jaar

regn
regen
regnbåge
regenboog
vind
wind
snö
sneeuw
vår
lente
höst
herfst
sommar
zomer
vinter
winter

4.APRIL 11°
5.APRIL 4°
6.APRIL 13°
7.APRIL 8°
8.APRIL 10°

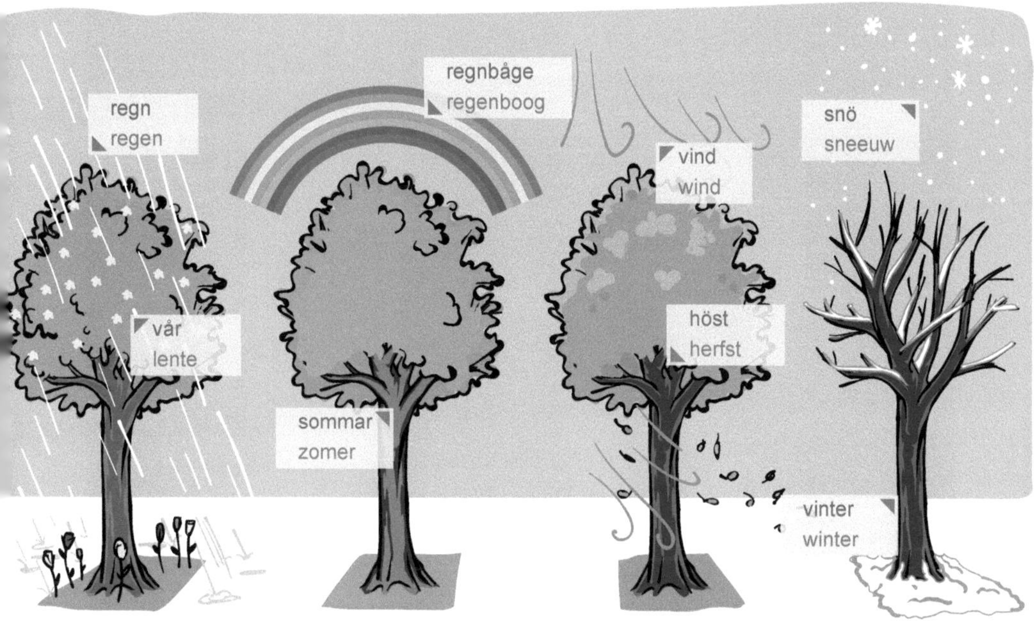

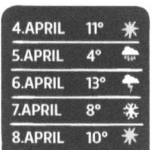

väderprognos

weervoorspelling

F C
120 40
90 30
60 20
30 10
0 0
-30 -10
-20

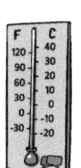

termometer

thermometer

solsken

zonneschijn

moln

wolk

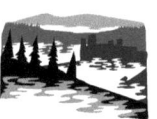

dimma

mist

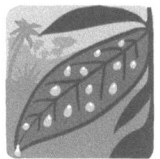

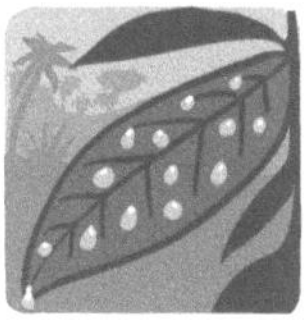

luftfuktighet

vochtigheid

blixt
bliksem

åska
donder

storm
storm

hagel
hagel

monsun
moesson

översvämning
overstroming

is
ijs

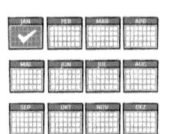

januari
januari

februari
februari

mars
maart

april
april

maj
mei

juni
juni

juli
juli

augusti
augustus

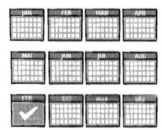

september
....
september

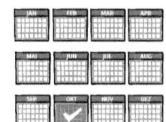

oktober
....
oktober

november
....
november

december
....
december

former
vormen

cirkel
....
cirkel

kvadrat
....
kwadraat

rektangel
....
rechthoek

triangel
....
driehoek

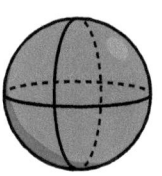

sfär
....
bol

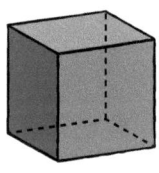

kub
....
kubus

vit

wit

gul

geel

orange

oranje

rosa

roze

röd

rood

lila

paars

blå

blauw

grön

groen

brun

bruin

grå

grijs

svart

zwart

mycket / lite

veel / weinig

arg / lugn

boos / kalm

vacker / ful

mooi / lelijk

början / slut

begin / einde

stor / liten

groot / klein

ljus / mörk

licht / donker

bror / syster

broer / zus

ren / smutsig

proper / vuil

komplett / ofullständig

volledig / onvolledig

dag / natt

dag / nacht

död / levande

dood / levend

bred / smal

breed / smal

ätlig / oätlig

eetbaar / oneetbaar

ond / god

kwaadaardig / vriendelijk

upphetsad / uttråkad

opgewonden / verveeld

tjock / smal

dik / dun

först / sist

eerst / laatst

vän / fiende

vriend / vijand

full / tom

vol / leeg

hård / mjuk

hard / zacht

tung / lätt

zwaar / licht

hunger / törst

honger / dorst

sjuk / frisk

ziek / gezond

olaglig / laglig

illegaal / legaal

intelligent / dum

intelligent / dom

vänster / höger

links / rechts

nära / långt bort

dichtbij / veraf

ny / begagnad
nieuw / gebruikt

inget / något
niets / iets

gammal / ung
oud / jong

på / av
aan / uit

öppen / stängd
open / dicht

tyst / högljudd
stil / luid

rik / fattig
rijk / arm

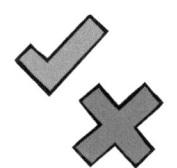

rätt / fel
juist / fout

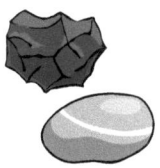

grov / slät
ruw / glad

ledsen / glad
droevig / blij

kort / lång
kort / lang

långsam / snabb
traag / snel

våt / torr
nat / droog

varm / sval
warm / koud

krig / fred
oorlog / vrede

siffror
cijfers

0

noll
nul

1

ett
één

2

två
twee

3

tre
drie

4

fyra
vier

5

fem
vijf

6

sex
zes

7

sju
zeven

8

åtta
acht

9

nio
negen

10

tio
tien

11

elva
elf

12
tolv

twaalf

13
tretton

dertien

14
fjorton

veertien

15
femton

vijftien

16
sexton

zestien

17
sjutton

zeventien

18
arton

achtien

19
nitton

negentien

20
tjugo

twintig

100
hundra

honderd

1.000
tusen

duizend

1.000.000
miljon

miljoen

engelska

Engels

amerikansk engelska

Amerikaans Engels

kinesisk mandarin

Chinees (Mandarijn)

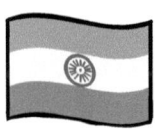

hindi

Hindi

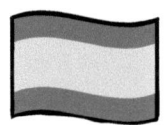

spanska

Spaans

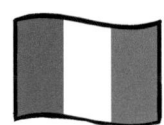

franska

Frans

arabiska

Arabisch

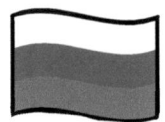

ryska

Russisch

portugisiska

Portugees

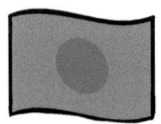

bengali

Bengali

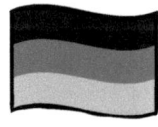

tyska

Duits

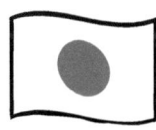

japanska

Japans

jag

ik

du

u

han / hon / den (det)

hij / zij / het

vi

wij

ni

u

de

ze

vem?

wie?

vad?

wat?

hur?

hoe?

var?

waar?

när?

wanneer?

namn

naam

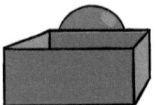

bakom
....
achter

i
....
in

framför
....
voor

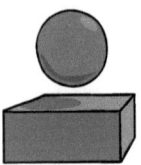

över
....
boven

på
....
op

under
....
onder

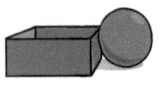

bredvid
....
naast

mellan
....
tussen

plats
....
plaats